MALHEURS

du Pays Sézannais

SOUS LA LIGUE

(1580-1594)

Surprise et Pillage d'Anglure, 1580
Siège et Destruction d'Anglure, Janvier 1581
Grand Incendie du 27 Septembre 1607
Autre Incendie terrible, en 1609

Pillage et Destruction de Broyes et de son Château,
1580
Destruction du Prieuré du Val-Dieu, 1567

Pillage et Ruine de Baye en 1594
Passage de Troupes, 1615-1814

A. GUILLEMOT

CHALONS-SUR-MARNE
Imprimerie-Typographie de l'Union Républicaine
—
1897

MALHEURS

du Pays Sézannais

SOUS LA LIGUE

(1580-1594)

Surprise et Pillage d'Anglure, 1580
Siège et Destruction d'Anglure, Janvier 1581
Grand Incendie du 27· Septembre 1607
Autre Incendie terrible, en 1609

Pillage et Destruction de Broyes et de son Château,
1580
Destruction du Prieuré du Val-Dieu, 1567

Pillage et Ruine de Baye en 1594
Passage de Troupes, 1615-1814

A. GUILLEMOT

CHALONS-SUR-MARNE
Imprimerie-Typographie de l'Union Républicaine
—
1897

MALHEURS

DU PAYS SÉZANNAIS

SOUS LA LIGUE

1580-1594

1º Surprise et pillage d'Anglure, 1680 ; siége et destruction d'Anglure, janvier 1581 ; grand incendie du 26 septembre 1607 ; autre incendie terrible en 1609.

2º Pillage et destruction de Broyes et de son château, 1580 ; destruction du prieuré du Val-Dieu, 1567.

3º Pillage et ruine de Baye en 1594 ; passage de troupes, 1615-1814.

Le voyageur qui parcourt le sud de l'arrondissement d'Epernay, rencontre, dans les environs de Sézanne, trois bourgs bien propres, bien ouverts, aux rues droites et larges, dont l'aspect dispose favorablement et donne l'idée de la jeunesse, de l'aisance.

Ces bourgs aux maisons nettes, correctement plantées, que couvrent seules la tuile et l'ardoise, forment un contraste agréable avec les villages voisins, tracés un peu à l'aventure, que l'alignement officiel a peu ou point redressés encore et où l'on trouve, à côté de quelques jolies demeures, des constructions de tous les âges, crevassées, bouclées, décrépites, montrant leur squelette sous leur coiffure de chaume noirci, brûlé par d'innombrables étés.

Dans nos trois bourgs, point de ces vieux débris, point de ces laideurs qui s'obstinent à déborder sur la voie publique, à choquer la vue.

Il semble qu'un démolisseur impitoyable, ami de la symétrie, ami du beau, les ait, là, poursuivies de sa haine, sans trève ni merci, et sapées jusqu'à la dernière.

Un grand niveleur a, de fait, passé à *Anglure, Broyes et Baye*, les trois localités dont nous parlons. Il y a fait, il y a quelque 300 ans, une exécution terrible, autant complète que brutale.

La guerre l'avait amené avec elle. Il n'a laissé derrière lui que des décombres fumants.

C'est au feu seul, en effet, que nous devons le rajeunissement, la régularité des trois bourgs.

Mais le fléau a fait payer bien cher aux ancêtres les avantages, les agréments dont les descendants jouissent aujourd'hui. Son souvenir gâte, maintenant, le plaisir que ressent le visiteur renseigné au riant spectacle qu'il a devant lui. La sinistre lueur qui éclaira la renaissance, le deuil et les larmes qui l'accompagnèrent, ôtent au tableau son charme et sa beauté, et l'œil y entrevoit, vaguement, à l'arrière-plan, des teintes pourpres, comme des reflets de feu et de sang.

Nous avons pu, par des recherches aux archives de la Marne et aux archives nationales, sources sûres ; en puisant dans Claude Hatton, le bon curé de Mériot, près de Provins, qui raconte les faits de son temps et de sa région, et, dans divers historiens et chroniqueurs de la Brie et de la Champagne, rétablir à peu près complètement les détails de la ruine d'Angluro et de Broyes. Nous avons réussi moins complètement pour Baye.

Pillage et destruction d'Anglure.

C'était sous le triste roi Henri III — 1574 à 1589 — faux, débauché et cruel ; à l'époque où, favorisant et trompant tour à tour ses amis et ses ennemis, il avait, par sa conduite flottante et hypocrite, permis aux catholiques et aux protestants toutes les espérances et toutes les audaces.

La Ligue venait de s'organiser, dans le but avoué de l'aider à sauvegarder son autorité, sa puissance et à défendre l'Eglise, mais avec le secret dessein de le déposséder au profit des Guises.

Un prétexte aussi louable autorisait les chefs et les principaux membres à armer toutes sortes de bandes !

Ces bandes indisciplinées, laissées souvent sans solde, se payaient en dépouillant le paysan. En attendant une campagne, elles rançonnaient et brûlaient, de temps en temps, les villages qui protestaient contre leurs déprédations, et se formaient ainsi la main pour de nobles entreprises.

La Champagne et la Brie en étaient infestées. Elles purent, en 1580, espérer en être débarras-

sées par une expédition dans les Flandres, entreprise sur la demande de ces provinces, qu'oppri-
mait l'Espagne gouvernée par Philippe II, et conduite par le duc d'Anjou, frère du roi.

Mais les mouvements qu'occasionnèrent ces
expéditions, tant à l'aller qu'au retour, furent
non moins funestes au baillage de Sézanne que
l'occupation permanente. Ce sont eux qui ame-
nèrent d'effroyables désastres sur Anglure et sur
Broyes.

Anglure fut plus particulièrement éprouvé :
Son anéantissement se fit en deux fois. La tragé-
die finale fut pour lui précédée d'un acte prépa-
ratoire, d'une sorte de lever de rideau.

C'est le château qui amena seul tous les malheurs du bourg. « Il était alors l'une des plus
belles baronnies de France, qui a moult de sei-
gneuries qui relèvent de lui (1) ».

La possession d'un aussi bon morceau avait
excité la cupidité du seigneur d'Etoges. Ce hobe-
reau affamé s'appelait Jacques d'Anglure (2). Il
n'avait pas plus à prétendre sur la terre d'Anglure que le dernier des vilains qu'il faisait fus-
tiger chaque jour. Mais comme tous ses sembla-

(1) Hatton.

(2) Jacques d'Anglure, vicomte d'Etoges, était issu de la famille d'Anglure ; il eut de sa seconde femme, Vaudeline Nicey
une fille unique qu'il maria, le 21 avril 1572, à Chrétien de Savigny.   (De Caumartin).

bles d'une époque où la Cour considérait presque l'assassinat comme moyen licite de gouvernement, il estimait, apparemment, que le droit du plus fort primait les autres. Peut-être, aussi, qu'avec la notion obscure de justice qui était au fond de toutes les têtes féodales bardées de fer, croyait-il sincèrement à la légitimité de ses prétentions et pensait-il que le nom emportait la chose.

Le propriétaire du château d'Anglure était alors un marchand de Troyes, enrichi dans le négoce, François Cardon. Il en avait récemment fait l'acquisition — mai 1580. Il avait, contre espèces sonnantes et trébuchantes, reçu un parchemin congrument griffonné par les tabellions royaux, avait fait à Sa Majesté et au fisc les aveux et versement de quint et requint prescrits, avait été « vestu et insaisiné » par la remise symbolique de la motte de gazon, etc. Il voulut exhiber tout le grimoire légal dont il était nanti et dont il faisait grand cas dans sa naïveté de marchand. Jacques d'Anglure, justement froissé dans sa fierté de gentilhomme, lui fit entendre qu'il ne savait lire et passa outre.

Jacques d'Anglure avait un gendre digne de le comprendre et en situation de mettre le troyen entêté à la raison, par des arguments extra-commerciaux. Ce gendre s'appelait Chrétien de

Savigny, seigneur de Rosne. Il était l'un des principaux chefs de l'armée du duc d'Anjou et devint plus tard lieutenant général de la Ligue.

« Sà compagnie tourna de paroisse en paroisse
« en l'attendant, pendant une douzaine de jours.
« Quand il fut arrivé, les hommes de guerre les
« plus habiles et les mieux montés, avec leur ca-
« pitaine, ledit sieur de Rosne, partirent un soir des
« environs de Provins, ayant laissé leurs servi-
« teurs et bagages au logis et cheminèrent toute la
« nuit, jusqu'à ce qu'ils fussent contre les portes
« du bourg d'Anglure qu'ils trouvèoent fermées,
« et ès environs se tinrent en embuscade. Au
« matin, à l'ouverture de la porte, sans être dé-
« couverts, pénétrèrent dans le bourg, où ils
« furent trois jours à faire bonne chère aux dé-
« pens des bonnes gens, cherchant tous moyens
« pour entrer au château (1) ».

Mais ils ne purent le surprendre et durent déloger. Le seigneur, averti à temps, avait fait fermer les portes, lever les ponts et avec quelques soldats rassemblés à la hâte, il put, du haut de ses donjons, se rire de leur impuissance.

Cette chaude alerte et la crainte du retour d'un adversaire tel que de Rosne jetèrent les Angluriers dans de mortelles alarmes. Pour se garantir plus sûrement contre toute nouvelle attaque et

____

(1) Cl. Hatton, du 22 décembre 1580.

retrouver un peu de tranquillité, ils songèrent à restaurer leurs murailles et leurs fossés

Ils demandèrent au roi l'autorisation de s'imposer extraordinairement pour les dépenses nécessaires. Le roi écouta leur requête et le Conseil d'Etat autorisa l'impôt par arrêt.

« .... Par lesquelles lettres Sa Majesté après avoir fait voir en son conseil les remontrances faites par les manants et habitants d'Anglure du désir qu'ils avaient de voir les murailles de leur ville réparées, comme aussi les fossés creusés, et autres choses nécessaires pour se pouvoir contraindre en obéissant contre ceux qui y voudraient faire entreprise supplient, à cette occasion, lesdits habitants qu'il plût à Sa Majesté leur accorder de lever sur eux la somme de 319 écus 13 sols. Nous mandant et enjoignant sadite Majesté, souffrir et permettre auxdits habitants de s'imposer et lever sur eux la somme de 320 écus, avec les frais, pour asseoir le plus justement que faire se pourra, le fort portant le faible, selon le rôle de la taille ; pour ladite somme être mise ès mains de Sernain Marcilly, capitaine élu par lesdits habitants, ainsi que Sa Majesté le veut et mande et que le contient plus amplement ladite requête......

« Consentons auxdits habitants de ladite ville et faubourgs d'Anglure lever sur eux et non

autres, selon le contenu desdites lettres patentes,
la sómme de 320 écus, et 25 écus pour les frais
qu'il commandera. A la charge dudit Marcilly
pour être employés aux réparations des murailles
et fossés de ladite ville et non ailleurs, lequel
Marcilly sera tenu de rendre compte desdits deniers pardevant les président et officiers de l'élection dont ressort ladite ville.

« Fait le 22 décembre 1580 (1) ».

Les gens d'Anglure avaient bien songé en cherchant à se prémunir contre Chrétien. Le bandit
n'avait pas été dégoûté par son échec. Il méditait
un nouveau coup contre le château.

Malheureusement le temps leur avait manqué
pour remettre leurs défenses en état d'offrir une
résistance bien longue à l'ennemi nombreux qui
allait les assaillir une seconde fois. Mais ils se
battirent vaillamment et tinrent tête pendant trois
jours, du haut de leurs faibles remparts, aux
4,000 soldats qui les enveloppaient et qui ne
purent les forcer quands ils se retirèrent au château.

Ils firent subir des pertes sensibles aux assaillants, et, pour avoir lutté dans des conditions aussi
inégales pendant un temps relativement aussi
long, il leur fallut, certes, montrer un courage

(1) Archives Marne C, 2622. Enregistrement par les Trésoriers
de France de Châlons.

et une bravoure semblables à ceux qui ont illus-
tré les héros des sièges fameux de notre his-
toire.

Il n'a manqué à ces manants sublimes, qui se bat-
taient pour leurs foyers et pour leur maître, qu'un
chroniqueur chantant leur haut fait, les parant de
l'auréole de la victoire gagnée, pour leur assurer
une juste célébrité.

Aujourd'hui que leur héroïsme nous est connu,
payons-leur du moins largement le tardif tribut
d'admiration qui leur est dû. Gardons aussi pré-
cieusement leur mémoire et honorons-les en
nous montran dignes d'eux. Que leur exemple
nous porte au dévouement, au sacrifice, non plus
pour un maître, mais pour une mère, pour la patrie aimée qui, plus fortunée qu'en 1581, n'a plus
heureusement à nous demander notre vie que
contre l'étranger !

Nous les signalons plus particulièrement à la
reconnaissance et au légitime orgueil des habitants d'Anglure. Ils ont écrit pour eux une page
glorieuse dont ils peuvent être fiers et dont ils
devraient perpétuer le souvenir en la burinant
sur l'airain, au milieu de leur place publique,
et en en célébrant l'anniversaire, à l'instar des
bourgeois de Beauvais, d'Orléans et d'autres
villes.

Hatton, dans un langage coloré, pittoresque,

réaliste, raconte le siège d'Anglure. Nous reproduisons intégralement son récit pour ne rien lui ôter de sa saveur :

« Or il advint, au mois de janvier 1581, que 2 ou 3 régiments, tant de pied que de cheval, revenant des Flandres où on leur avait baillé la chasse assez rapidement, se retirant dans leur pays, s'allèrent loger ès environs de Sézanne où ils se rafraîchirent quelques jours et se mirent à ravager le bonhomme par voleries, pilleries, batteries, rançons et autres inhumanités.

« Un régiment prit son chemin par la rivière d'Aube, s'alla présenter devant le bourg d'Anglure, qui est fermé de fossés et murailles, et, au refus que ceux de la ville lui firent d'ouvrir la porte, l'assiégea après avoir mandé quelques autres régiments, de sorte qu'ils s'y trouvèrent le nombre de 3 à 4,000 hommes. Des coups de harquebuse et de mousquets furent tirés jusqu'à tuer et mettre par terre des gens de part et d'autre.

« Un capitaine des assaillants, estimé vaillant homme, la rudace au poing, gagna la muraille et monta sus pour bailler courage à ses soldats, mais n'y arrêta guère qu'il ne tombât mort, ès fossés, des coups que lui donnèrent les habitants.

« Ce capitaine mort ne fit perdre courage aux assaillants, mais les fit opiniastrer, en telle sorte qu'ils redoublèrent leur fureur pour assaillir, combien que un autre capitaine y fut encore tué avec une vingtaine des plus vaillants guerriers qui fussent en la troupe et ne voulurent pour ce, abandonner la place, qu'ils tinrent assiégée trois jours avant que y entrer. Et furent contraints, les habitants, de quitter la ville pour se retirer dans le château, qui est bien fort, et laisser leurs maisons à la miséricorde des voleurs, desquelles toutefois ils avaient tiré tous les meilleurs meubles et serré audit château, durant le siège.

« Les voleurs entrés céans, massacrèrent toutes personnes qu'ils trouvèrent à la rencontre, mais bien peu, parce que chacun qui avait voulu se sauver dedans le château y avait été reçu. Tout ce qu'ils trouvèrent ès maisons de quoi ils purent faire profit fut par eux dérobé, et après l'espace de deux jours, mirent le feu dedans la ville, et peu après s'en partirent, estimant avoir fait aussi grand exploit que s'ils eussent prins la plus forte place de Flandre (1).

« L'un des capitaines qui fut tué audit Anglure fut, par ses gens, retiré des fossés, et par ses serviteurs chargé en la charrette de son bagage et mené en son pays pour l'enterrer. Ils passèrent

(1) Le départ fut brusqué par la nouvelle que M. de Dinte. ville, gouverneur de Champagne, venait d'envoyer deux compagnies pour dégager le château. (Lettre de Dinteville au Roi. Archives Châlons).

par Provins où ils le firent « vider, saller et sau‑
poudrer, de peur qu'il ne s'enpuantit, et furent
ses entrailles et freschure » enterrées aux Jaco‑
bins, en l'église desquels fut déposé le corps une
nuit et demi jour, durant qu'on lui fît un service
très solennel, car, d'après le rapport de ses gens,
il était bon catholique et bon chrétien.

Et Hatton qui a l'habitude, nous le voyons,
d'appeler les choses par leur nom et de dire ce
qu'ils pense, adresse ensuite de justes reproches
à la noblesse.

« Messieurs les gentilshommes, de quelque
religion qu'ils soient, ne se peuvent vanter d'être
gens de bien à commettre ainsi en leur personne
ou laisser commettre par leurs gens les rançons,
voleries, pillages, battures et autres inhumanités
qu'ils commettent et laissent commettre en leur
présence sur le pauvre paysan qui ne leur doit
rien, et ne se peuvent excuser sous le manteau
de la guerre, principalement de « ceste-cy » qui
n'est justement entreprise ni démenée et qui
est mise sans l'autorité du prince souverain, qui
est le roi de France.

Une pièce des archives de la Marne, C, 2622,
contient des renseignements sur les pertes éprou‑
vées par les habitants. C'est la copie d'une déci‑
sion royale leur accordant, en considération de
l'affreux dénuement où ils se trouvent, remise de

tailles. En voici les passages les plus importants.

« Vu la requête présentée par les manants et
habitants du bourg d'Anglure par laquelle et pour
les causes y étant, Sa Majesté voulant leur donner moyen de se relever des pertes et ruines par
eux souffertes au passage des troupes du sieur
de Rochepot (1) qui ont pillé tous les biens dudit
bourg, rançonné lesdits impétrants, emporté les
joyaux et reliques de l'église dudit lieu, ont
commis tous actes de cruauté ayant aussi brûlé
les maisons, granges et bâtiments.

« Sa Majesté a tenu les habitants quittes et
exempts de la contribution des tailles, crues de
2 0,000 livres des fortifications, seulement le
temps et terme de 4 années qui seront prises et
allouées sur les 8 années prochaines et consécutives commençant le 1er jour de janvier dernier
passé ; desdites tailles et crues le roi leur a fait
don à quelque somme qu'elles puissent monter.
A la charge toutefois que durant ledit temps de
4 années il sera levé sur lesdits habitants qui
n'ont subi perte, à cause dudit feu, la somme de

(1) Ce Rochepot ne serait-il pas le comte Carle de Hosseplotte
dont les « Reistres ravageaient les environs de Reims en
1576 » ? (Extrait des Registres des deniers patrimoniaux, ville
de Reims).

20 écus sol pour être employée à la réparation de leurs murailles.

« Le 25 mars 1582 ».

Le récit d'Hatton semblerait indiquer que Chrétien de Savigny resta étranger à la deuxième tentative faite contre Anglure. C'est bien cependant lui qui la prépara et en dirigea l'exécution. Le savant Bourquelot, auquel est due la publication du manuscrit de Hatton, répare d'ailleurs cette omission dans les commentaires dont il éclaire le texte. « La nouvelle attaque, écrit-il, eut lieu dans le même but que la première ».

Le marchand de Troyes, ayant obtenu des lettres d'anoblissement peu de temps après le siége et s'étant remis de sa frayeur, s'adressa au roi pour faire punir les brigands qui avaient tué, pillé et incendié ses vassaux. « Le prévôt de l'hôtel sera envoyé pour informer sur les excès commis », dit un document officiel. Cet audacieux euphémissaire indique assez ce que pouvait être la répression : « Plusieurs des coupables furent emprisonnés et exécutés ». Quelques comparses insignifiants payèrent donc pour les vrais coupables. Ce fut tout ce que fit la justice royale pour le sac et l'incendie d'une ville !

Jacques d'Anglure et son gendre purent courir à de nouvelles spoliations, à de nouvelles atrocités.

Délivré enfin des horreurs de la guerre, Anglure commençait à renaître de ses cendres, lorsque le fléau qui l'avait deux fois déjà détruit, revint une troisième fois anéantir les constructions à peine achevées.

Un incendie qui éclata « fortuitement audit bourg, le 27 septembre 1607, consuma la plus grande partie d'iceluy, tout le bétail et meubles » (1).

A la suite de cet incendie « plusieurs habitants ont abandonné ledit bourg » qui semblait véritablement maudit.

Le roi touché de compassion en face de tant de malheurs, fit aux gens d'Anglure une nouvelle graciouseté. Un arrêt du Conseil, en date du 11 avril 1609, les décharge « de la moitié » de ce qu'ils doivent porter de leurs tailles, taillon et crues durant 6 années consécutives et commençant en la prochaine 16!0 (2).

Cette faveur coûtait peu au roi. Le même arrêt prescrit « que la moitié dont il est fait remise sera, par les Trésoriers de France de Châlons, régalée sur les élections de la généralité qui mieux le pourront supporter ».

Mais la malheureuse bourgade était à peine remise de ses émotions qu'elle eut à subir encore

(1) Archives nationales E, 16 1. f° 770.
(2) Archives nationales E, 21, f° 129.

une épreuve. Le feu la ravagea une quatrième fois : .

« En l'année dernière, 1609, il est survenu ung grand feu qui a bruslé et consommé cinquante-cinq des bâtiments tant maisons, granges, qu'estables avec leur bled, bestail et autres meubles qu'ils n'ont peu sauver à cause de la violence du vent qui a tout détruit en ung instant ». (Supplique au Roi, 20 mars 1610, archives nationales).

La fatalité qui semblait s'acharner sur Anglure ne rebuta pourtant pas ses habitants. Le charme de leur ville baignée par la belle rivière d'Aube, au nom symbolique, fraîche et pure comme une vierge dans son lit de sable blanc, entourée de prairies ombreuses et grasses, de plaines vastes et fertiles, les captiva malgré tout et ranima leur espoir.

Leur attachement au vieux sol calciné fut récompensé, d'ailleurs.

Bien que cela puisse paraître paradoxal, l'adversité même qui les avait accablés sans répit, fut en partie cause du retour d'une prospérité continue. Elle trempa leur courage, leur donna la ténacité, l'énergie au travail, les força à la sobriété, à l'économie. Formés par une aussi dure maîtresse, ils acquirent des qualités précieuses qui devaient, en des temps propices, les mener à la fortune ; c'est ce qui se produisit, en effet :

Leur rivière pouvait transporter économiquement à Paris les produits de la culture ; ils profitèrent adroitement de cet avantage pour accaparer, jusqu'à une récente époque, le commerce des grains dans la région. Dès 1760 ils s'appliquèrent aussi, avec succès, au travail et à la vente de la bonneterie qui commençaient à s'implanter dans la contrée. Le négoce et l'industrie leur réussirent également. Les ressources de leur terre féconde achevèrent de leur procurer une belle aisance.

Insensiblement ils ont fait de leur petite ville une des plus coquettes, des plus gaies et des plus riches du département.

Pillage et destruction de Broyes, 1590. Incendie de son prieuré du Val-Dieu, 1567.

Au moment ou de Rosne essayait, pour la première fois, de s'emparer d'Anglure, le bourg de
Broyes était mis à feu et à sang. La plus grande
partie de sa population fut alors massacrée et
presque toutes ses maisons réduites en cendres.

L'évènement eut lieu le jour même où le duc
d'Anjou, partant pour les Flandres, quitta Provins :

Des troupes d'avant-garde venaient de s'arrêter
devant Broyes, où elles avaient l'intention de
coucher. Elles exigèrent que les portes leur fussent toutes grandes ouvertes. Mais les habitants,
peu soucieux de recevoir pareils visiteurs dont
ils savaient les desseins, refusèrent de céder à
leur sommation, disant « qu'ils ne voulaient point
accorder le logement » (1). A cette réponse, les
gens de guerre demandèrent à entrer en pour-
parlers avec celui qui commandait dans le bourg
pour obtenir le gîte et les vivres.

(1) Hatton.

Le chef de la troupe, Auguste de Thévalle, qui était aussi l'un des principaux capitaines de l'armée ducale, s'avança en parlementaire.

Nous nous figurons facilement, d'ici, la population massée derrière les murailles et suivant, par les meurtrières, les négociations engagées. Vive, prompte comme toute celle des coteaux champenois, ne sachant pas exactement ce qui se passait, voyant les choses traîner en longueur, elle s'exaspérait des exigences supposées de l'ennemi, elle frémissait de colère, agitée comme son vin quand la mousse le travaille. Elle revoyait déjà les réquisitions, la contribution forcée, les caves visitées, les soldats ivres, les larcins, les coups de crosse, les coups de sabre. Il lui aurait fallu, dans ce moment, de la prudence, et elle n'était plus capable d'en avoir. Une sottise pouvait avoir des conséquences terribles, elle fut commise :

Auguste de Thévalle était bien en vue : c'était un merveilleux but pour les arquebuses qui montraient leurs gueules à la crête des murs. Le barbier du village, Figaro avant la lettre, oublia que la personne du parlementaire est sacrée ; une pensée diabolique lui vint. Il se laissa tenter sans calculer un instant les dangers, ne pensant sans doute qu'à la délivrance et peut-être aussi à l'éblouissante gloire qui allait le couvrir et rayon-

ner sur son échope au plat d'étain. Il visa trop
adroitement ; un compère alluma la mèche et
de Thévalle tomba mortellement frappé.

« Cette mort échauffa tellement le courage des-
« dits gens de guerre qu'ils, par force, se ren-
« dirent maîtres dudit bourg et y massacrèrent
« tous hommes et femmes qu'ils y eurent à la
« rencontre, sans pardonner à personne qu'à la
« baronne et à sa servante qui furent menées
« prisonnières au château d'Esternay.

« Ceux de guerre, non contents d'avoir mas-
« sacré et pillé ledit bourg, y allumèrent le feu
« ès quatre coins et au milieu, qui brûla le châ-
« teau, les églises et les maisons, dont il ne
« resta entières que 14. Le barbier qui avait fait
« le coup fut, par eux, tout jeté vif dans le feu où
« il finit ses jours à grande tristesse, et ce fait,
« l'abandonnèrent et allèrent autant avant (1). »

Voici, copiés sur des lettres patentes du roi,
des détails assez précis sur les atrocités commises par la soldatesque ivre de vin et de colère.

« .... Vu la requête par les habitants
du bourg de Broyes, élection de Sézanne, l'attes-
tation jointe à leur requête par devant Jaques
Le Choiselat et Antoine Sorel, notaires royaux
dudit Sézanne. Ensemble le procès-verbal de
maître Jean Cadet, Elu de l'élection dudit lieu,

(1) Hatton.

par lesquels il est dûment prouvé de la prise et sac dudit bourg, fait par la compagnie dudit sieur de Thévalle Auguste. Sac par lequel le baron dudit lieu et la plus grande partie des habitants d'iceluy furent tués et meurtris, et les maisons et les granges brûlées avec tous les meubles, grains et bétail y estant, et, sous cette considération, subvenir à la nécessité desdits habitants.

« Et voulant donner marque de sa charité, Sa Majesté les a quittés, exemptés et déchargés de toutes tailles, crues et impositions à quoi ils pourraient être taxés et cotisés durant quatre années prochaines et continues, excepté le taillon, etc., garde du prévôt des maréchaux, des lieutenants, cavaliers et archers.

« Lesquelles quatre années seront prises sur les huit prochaines commençant au 1er janvier prochain et qui finiront le dernier jour de décembre 1589. En quoi faisant lesdits habitants ne paieront que la moitié des sommes à quoi ledit bourg et paroisse sera cotisé pour chacune desdites années. Et ayant, ladite Majesté, quitté et déchargé de tous les deniers desdites tailles, crues et fortifications levées et à lever durant le quartier de juillet et celui du présent quartier d'octobre, déchargeons Pierre Dupont, collecteur desdites tailles dudit bourg en la présente année, à la charge qu'il sera tenu rendre (*probablement à chacun des contribuables)* le billon de l'argent fondu qui esté trouvé en sa maison. »

« Et la somme à laquelle lesdits habitants seront imposés ne sera réduite et répartie aux autres villages de l'élection de Sézanne, etc. »

Ces lettres sont datées du 1er décembre 1581. Elles mentionnent expressément que les habitants de Broyes restent tenus au paiement de nombreuses autres taxes indirectes ou d'un objet particulier. Le détail en est très instructif; il permet de voir sous quelles charges variées nos malheureux ancêtres succombaient : « Droit des « aydes, huitième et vingtième, imposition équi- « valente, taillon, parisis, crues ordonnées par « le prévôt des maréchaux, crue pour la garde « de Monseigneur de Guise, crue pour le pont de « Paris, crue pour le paiement des compagnies « d'hommes d'armes dudit sieur de Guise et de « M. de Dinteville. »

La troupe n'aurait peut-être pas aussi férocement vengé son chef si sa fureur n'avait été excitée par un seigneur des environs qui était sans doute en lutte avec celui de Broyes. Il est même à présumer que de Thévalle avait consenti à se faire l'instrument des rancunes de ce vindicatif châtelain, qui était du village d'Escardes, près Esternay, et s'appelait du Clou, et que sa rigueur et ses exigences, quand il arriva à la porte du bourg, lui étaient suggérées.

Du Clou paya de sa vie ses sauvages exploits. Ce ne fut guère pour la ruine du village, pour la mort de vulgaires vignerons qu'il fut pendu haut et court : Il avait trempé dans le meurtre d'un noble, d'un noble de puissante famille, ce fut là sa perte. La veuve du baron de Broyes le poursuivit d'une implacable vengeance et parvint, à force de volonté, d'énergie, à obtenir qu'il fût châtié comme il le méritait. Il fut arrêté au moment où il formait une nouvelle compagnie, et pendu au gibet de Provins, le 1er octobre suivant.

La côte au haut de laquelle sont perchés le village de Broyes, et son château, appelé du nom intrigant de château des Pucelles, et dont il ne reste qu'une partie, a 230 mètres. C'est une des plus élevées de la Marne. Elle domine toute la Champagne plate et est visible de près de 80 kilomètres. Quand les forcenés de de Thévalle firent flamber le castel et le bourg, l'exécution fut donc vue de plus de 50 villages.

Allemant, Péas, Saint-Loup, Linthes, Linthelles, les Broussy, Bannes, Fère-Champenoise, Connantre, Œuvy, Corroy, Ognes, Pleurs, Gaye, Saint-Remy, Chichey, Marigny, Angluzelles, Faux-Fresnay, Thaas, Courcelle, Salon, Gourgançon, Champfleury, Courcemain et autant d'autres durent, pendant quelques jours, se demander avec angoisse si les torches qui avaient allumé Broyes n'allaient pas descendre la plaine et y continuer l'anéantissement. Ils virent, en tous cas, ce qu'il en coûtait pour résister aux troupes de « Sa Majesté le Roi », et la cruelle leçon infligée à leurs malheureux voisins, dut leur ôter toute velléité de résistance et les rendre désormais de facile composition devant les exactions et les mauvais traitements des « compagnies qui, selon la pittoresque image de Hatton, voulaient se rafraîchir sur le dos du bonhomme. »

Broyes avait déjà vu le feu sur son territoire 13 ans auparavant. En 1567, Condé ravagea tout le pays entre Provins et Vertus. Ses hommes, avides de butin, affolés par la passion religieuse, s'acharnèrent sur les églises, les presbytères et les monastères. Dans le temps où il pilla Sézanne, qu'il frappa ensuite d'une contribution de 14.000 livres, malgré les remontrances du baron de Plancy, qui, quoique huguenot, « s'alla rasseoir en sa maison de Plancy, fort courroucé des insolences et inhumanités commises », Condé détruisit le prieuré de Broyes, qui était de l'ordre des Citeaux, et s'appelait prieuré du Val-Dieu. Il ruina également l'abbaye des Jardins de Pleurs, celle de Gaye et celles de Notre-Dame et de Saint-Sauveur à Vertus.

Broyes fut rebâti sur un plan moins régulier
et moins bon que celui d'Anglure. Renfermés,
restreints par leurs remparts et n'ayant besoin,
d'ailleurs, que de passages suffisants pour les
ânes, — bâtés et garnis de paniers, il est vrai,
— qui étaient alors et furent longtemps employés
à la culture de la vigne à l'exclusion des chevaux, les propriétaires reprirent les lignes an-
ciennes en les redressant quelque peu, et édi-
fièrent, en le copiant sur l'ancien, le village que
nous voyons aujourd'hui.

C'est un lacis, un réseau de vingt-cinq rues
et ruelles au moins, où un étranger ne saurait
circuler avec assurance qu'après s'être égaré
plus de dix fois.

Pillage et destruction de Baye, 1594. — Passages de troupes à Baye, 1615 et 1814.

C'est sous Henri IV, vers le moment.où ce roi, qui venait d'être sacré dans la cathédrale de Chartres (27 février 1594), avait à conquérir, ville par ville, plus de la moitié de son royaume, resté aux mains des ligueurs, que Baye fut pillé et détruit.

Le duc de Guise était alors gouverneur de la Champagne pour la Ligue, le duc d'Aumale gouverneur de la Picardie, au même titre. Ils firent les plus grands efforts pour contenir les villes qui, s'étant mêlées à la lutte dans l'intérêt de la religion, jugeaient que leur résistance n'avait plus de raison depuis l'abjuration du Béarnais dans l'église de Saint-Denis (25 juillet 1593).

La défection commença, en avril 1594, par la soumission de Troyes, qui expulsa son gouverneur, le prince de Joinville, frère de Guise, et continua par celle de Sens, d'Abbeville, Montreuil. Guise et d'Aumale se multiplièrent alors pour arrêter le mouvement, car ils sentaient que s'ils succombaient dans les deux provinces les plus faciles à défendre grâce au voisinage des Pays-Bas et au secours des troupes espagnoles, leur parti était fini.

Henri, de son côté, entretint les dispositions favorables des populations en entamant des négociations de tous les côtés et en mettant le siège devant Laon, devenu capitale de la Ligue.

Laon tomba à la fin de juillet 1594, et cette prise amena la reddition de Château-Thierry et Beauvais.

Guise ne voulut courir la chance plus longtemps. Il traita avec le roi au mois de novembre suivant, et rendit Reims, Rocroi, Saint-Dizier, Guise, Joinville, Fismes, Montcornet, qui tenaient encore pour lui.

Le duc de Lorraine, dont les troupes occupaient également la Champagne, et plus spécialement le département de la Marne, s'était, dès la fin de 1593, prêté à des préliminaires d'arrangement. Henri IV voulait à tout prix, en attendant la paix, donner quelque répit aux malheureux villageois régulièrement dépouillés et leur permettre au moins les ensemencements et les moissons. Le 23 février 1594, il écrit au conseil de ville de Châlons; que la trêve sera prorogée, à cette fin, jusqu'au 15 mai, et, le 16 juin suivant, de son camp sous Laon, qu'il y a prorogation jusqu'au 30 septembre (1).

Le duc de Lorraine fit aussi sa paix en novembre 1594.

Mais les trèves et les traités que les chefs signaient n'étaient guère observés par les bandes qu'ils enrôlaient. A leurs yeux, la paix comptait pour les villes et les châteaux, pour ceux qui pouvaient se défendre et les châtier, mais ne couvrait point le menu peuple des campagnes. Il était et devait rester, après comme avant, leur nourrisseur et leur victime. Tous les partis le comptaient comme opposé au leur, et cette appréciation lui valait des pilleries continuelles.

Les chefs, d'ailleurs, les légitimaient parfois à leur façon, en décrétant arbitrairement un taillon ou imposition militaire, sans terme et sans limite.

La physionomie de cette guerre, qui laissa les villages de notre département, dans un dénûment dont rien n'approche, nous est donnée par Jean Pussot, bourgeois de Reims. Il l'appelle « la guerre des vaches » parce que les soldats en voulaient surtout aux écuries. — Il écrit dans son journal, en mai 1594 :

« La dicte guerre était si malheureuse qu'il n'y avait aucune discipline et était une vraie vollerye, de telle sorte que ordinairement estait

(1) Archives de Châlons, BB., 1594.

appelée la « guerre aux vaches », d'autant
que tout le principal d'icelle estoit de pillier,
vollér et courir le bétail tant d'une part que d'aultre.
Et aimait mieutz les bestes que les hommes, tant
pour le prétexte de la guerre que pour l'exaction
des tailles, somme que le pauvre villageois était
de toutes parts pillé, vollé, rançonné, battu et
tourmenté sans espoir de meilleur attente. »

Les archives de Châlons confirment ce lamen-
table tableau :

9 octobre 1594. « Avis est donné au conseil de
ville « que le prévôt des maréchaux se mettra
« en campagne pour empêcher les coureurs et
« ravageurs de l'armée qui pillent et ravagent
« tout. » (1).

14 décembre 1594. « Avis donné par M. de Tho-
massin que les gens de guerre et notamment les
Lorrains, conduits par M. de Louppy, « font et
« commettent plusieurs excès, violences et ran-
« çonnements sur les laboureurs et autres du
« pays plat, menant avec eux quelques pièces
« d'artillerie pour ravager le pays. » (1).

Baye fut une des localités les plus maltraitées
du pays sézannais par les hordes sauvages qui y
opéraient. Elles ne se contentaient pas de net-
toyer ses étables et ses granges, de vider le cel-
lier, la huche aux provisions :

(1) Archives de Châlons, EE,, 1594.

Gorgées sans doute de ce vin du pays qui a quelque renom, qui met les honnêtes buveurs en joyeuse humeur et qui les fait chanter seulement, elles voulurent, elles, pour se délecter dans leur ivresse, les distractions des grands jours de fête : du feu et du sang.

Le malheureux évènement dut se produire dans le second semestre de 1594. Dès le mois de janvier 1595, les habitants adressent une requête au roi pour obtenir remise de tailles pendant six années à venir. Ils vont nous apprendre eux-mêmes leur infortune :

« Les habitants du bourg de Bayo, sujets de Madame de Bourbon, supplient Sa Majesté tendant à ce qu'en considération des grandes pertes et ruines par eux subies à l'occasion des présents troubles ayant détruit la plus grande partie dudit bourg, tué et homicidé plusieurs d'entre eux, de façon qu'ils sont maintenant réduits à mendier leur pain, il plaise à Sa Majesté les exempter et décharger du paiement de........... afin qu'ils puissent avoir quelques moyens de faire rebâtir leurs maisons et se rehabituer au bourg...... »

La demande fut renvoyée, pour étude, à l'élection de Sézanne, le 31 mars 1595. Jean Cadet, « Elu en ladite élection », fit, le 1er juillet, enquête sur les faits annoncés par les habitants.

Il recueillit les dépositions de « 13 témoins

ouïs et examinés » et proposa, dans ses conclu-
sions, « que lesdits habitants soient tenus quittes
et exempts de toutes tailles et crues incorporées,
excepté, toutefois, du taillon et crues du prévôt
des maréchaux et crues de garnison, durant le
temps de trois années à prendre sur six (1). »

Le Conseil d'Etat ratifia par un arrêt en date du
25 août 1595.

La situation des gens de Bayo ne fut guère
adoucie par la décharge qui leur fut octroyée :
C'était une goutte de rosée jetée à des affamés.

Ils avaient été si fort flagellés depuis cinq ou
six ans qu'ils avaient encore à payer des arrérages de taille à partir de 1589.— Arrérages pour
lesquels ils étaient « en état de solidité », c'est-
à-dire solidaires.

Désespérant de s'acquitter jamais ; harcelés et
menacés par les receveurs des tailles, que, Méze-
ray appelle des « croquans » parce que, dit-il,
« ils dévoraient les gens et les mangeaient en
frais », ils en vinrent dans leur dénûment, à
recourir encore à la pitié du souverain maître et
lui demandèrent de rayer enfin le reliquat fatal
qui achevait de troubler leur triste existence. —

Leur misère était là, navrante, hélas ! pour
apostiller leur supplique. Elle la fit réussir, et,

(1) Archives, Marne. — Registre au rabais des finances, dons
et octroys. Archives nationales E.

par un acte daté de Valois, 8 janvier 1598, le roi
fit la remise sollicitée, avec une réserve pour
1595.

« Sur la requête présentée par les habitants du
« bourg de Baye, appartenant à Madame la du-
« chesse de Guyse, tendant affin qu'il pleust au
« Roy, eu égard aux grandes et innumérables
« pertes par eux subies durant ces derniers
« troubles, les décharger des arrérages de tailles
« du passé, excepté le taillon et la solde du pré-
« vot des maréchaux et, encore pour trois années
« à prendre sur six, à commencer du présent
« mois de janvier mil cinq cent quatre-vingt-
« seize, suivant et conformément aux lettres de
« descharge par eux obtenues de Sa Majesté à
« Follambroy (1) le 17e décembre 1595 ».

« Le Roy, en son conseil a ordonné et ordonne
« que lesdits habitants du bourg de Baye, seraient
« tenus quittes et deschargés des tailles des-
« quelles ils sont demeurés redevables pour les
« années 1589, 1590, 1591 1592, 1593 et 1594,
« et détenus en surseance de celles de l'année
« 1595 jusqu'à ce que, par Sa Majesté ait été
« ordonné (2).

(1) Dans le Laonnais. Localité où se trouvait une maison
royale dont il reste encore quelques bâtiments.

(2) Manuscrit français des archives nationales, no 18.162,
fo 5, Vo.

Les historiens et les chroniqueurs locaux ne parlent pas de la destruction de Baye : Elle passa comme un fait banal au milieu de la détresse générale. Nous en avons en vain cherché une mention succincte dans les mémoires les plus détaillés, dans les chronologies les plus complètes du règne de Henri IV.

Fut-elle provoquée par un incident futile comme en faisaient naître si souvent les duretés et les exigences des soudards en maraude ? Nous ne le pensons guère. Nous sommes plus disposé à croire que le château en fut encore la cause. Il est probable que là aussi, comme à Broyes et à Anglure, une vieille querelle entre châtelains rivaux et de religion différente se régla sur le dos des malheureux serfs, que l'on appelait des noms odieux d' « homme de corps », de « gens de pote » (1).

Car ce n'était pas assez pour les paysans qui, il y a trois cents ans, étaient « en puissance de seigneur », et tous l'étaient alors, puisqu'une maxime de droit féodal disait « qu'il n'y a point de terres sans seigneur », de se trouver, en temps ordinaire, soumis à toutes sortes de redevances, de vexations et de corvées par le maître,

(1) Hommes attachés au corps, à la garde de leurs seigneurs. — Gens soumis a la « puissance » (potentia) de la noblesse. (Définition de la coutume de Meaux).

il fallait encore courir avec lui les hasards de la lutte contre les adversaires, et s'il était trahi par la fortune, recevoir les coups pendant qu'il était en retraite sûre derrière les fossés de 6 mètres de large et des murailles de 6 pieds d'épaisseur (1).

Baye, qui n'a plus aujourd'hui que 636 habitants, en comptait environ un millier avant la catastrophe. Il est dit, en effet, « que 300 feux y soullaient être » alors.

Le groupe de maisons qui s'étendait le long de la Bayenne, au levant de la route, vers Champaubert, ne fut pas relevé. De grands arbres ont poussé sur ses ruines que l'on voyait encore, il y a seulement 60 à 80 ans.

Les familles furent moins fidèles à la terre natale que celle d'Anglure. Beaucoup délaissèrent les murs noircis et allèrent réédifier ailleurs leur foyer.

Un secret pressentiment, et peut-être bien l'expérience, aussi, leur disaient que l'emplacement était mauvais et que de nouvelles calamités

---

(1) (C'est bien et seulement parce que Baye appartenait à la maison de Guise, c'est-à-dire aux chefs de la Ligue, qu'il eut particulièrement à souffrir. Les Huguenots et, après eux, les troupes royales ne manquèrent sans doute pas de maltraiter, piller les vassaux des chefs qu'ils combattaient, chaque fois qu'il leur fut possible de le faire).

les y attendaient. Celles qui restèrent virent ces tristes prévisions se réaliser.

Il devait en être ainsi fatalement, d'ailleurs : Baye, en effet, se trouvait sur un grand chemin qui reliait directement Epernay et Sézanne, points stratégiques importants, et devait être traversé par les troupes allant de l'un à l'autre. Situé à l'extrémité des marais de Saint-Gond « qui ont, dit Bassompierre, quinze lieues de long », il devait également recevoir toutes celles qui, rencontrant ce marais par le travers, cherchaient à le tourner par la chaussée de Saint-Prix.

Parmi les passages que Baye vit dans ses rues, nous en citerons deux dont il eut encore à souffrir :

1615

Les seigneurs croyant la minorité de Louis XIII favorable à leurs projets d'indépendance et d'accaparement, étaient entrés en lutte avec la régente, Marie de Médicis, et la France était encore une fois déchirée par la guerre civile.

Condé, qui était à la tête du mouvement, dévastait la Champagne. Bois-Dauphin, avec les troupes royales, cherchait à le contenir plutôt qu'à le combattre ; le 8 octobre, il vint s'établir à Baye pour l'empêcher de traverser le marais sur la chaussée de Saint-Prix ; mais il le laissa échapper pendant la nuit.

On a dit avec raison que, pour ces deux armées qui n'avaient d'autre préoccupation que d'éviter tout contact, il semblait qu'il n'y eut qu'un ennemi, le pauvre paysan. En tout cas, il n'y avait qu'une victime, et ce fut lui, — lui régulièrement.

Bassompierre, parlant de ces armées, dit quelque part, avec la candeur d'un vieux forban : « Nos soldats (ils étaient alors dans l'Aube actuelle), mirent le feu au village « comme c'était « la coutume. »

Il y a gros à parier que de pareils chenapans ne purent séjourner à Baye le 8 octobre 1615 sans y commettre leurs habituels méfaits.

1814

C'était au mois de février 1814. La France était envahie par l'armée de Bohême qui gagnait Paris par le bassin de la Seine et par celle de Silésie, que commandait Blücher, et qui avançait par la Marne.

Napoléon, pour les refouler, devait faire des miracles Il parvint quelque temps à leur tenir tête, malgré la grande infériorité numérique de ses troupes, grâce aux prodigieuses ressources de son génie militaire

La bataille de Champaubert, près Baye, fut un de ses plus merveilleux faits d'armes. Blücher, installé à Vertus, sachant Napoléon toujours sur la Seine et croyant, avec raison, les routes entre Seine et Marne impraticables à l'artillerie, avait, sans défiance, échelonné ses corps entre Châlons et La Ferté-sous-Jouarre.

Cet éparpillement inspira à Napoléon un plan qui fut vivement exécuté. Son but était de couper une armée disséminée sur une ligne de 200 kilomètres et de battre ensuite ses tronçons. Il y réussit pleinement et remporta quatre victoires en cinq jours : Champaubert, Montmirail, Château Thierry, Vauchamps.

Voici, par un auteur contemporain (1), le récit d'une partie de la bataille de Champaubert, celle qui se déroula à Baye.

« Dès le 7 février, Napoléon dirigea le duc de Raguse et le prince de la Moscova sur Sézanne et Barbonne.

« L'artillerie, traînée par les hommes autant que par les chevaux, traversa des passages réputés infranchissables. Elle put avancer plus facilement au-delà de Sézanne, grâce au maire de Barbonne qui amèna 500 chevaux du pays.

(1) Alphonse de Beauchamp.

« Le 10, l'armée était prête pour l'attaque. Napoléon, à la pointe du jour, conduisant lui-même ses troupes, se porte sur les hauteurs de Saint-Prix, fait passer le défilé marécageux de Saint-Gond au corps de Raguse et lui ordonne d'attaquer Baye. La était l'avant-garde de la division russe d'Alsufieff, qui, postée à Champaubert, servait de corps intermédiaire entre les forces de Blücher et celles du général Sacken et d'Yorck, établies à Montmirail, à La Ferté-sous-Jouarre et au-delà

« Cette avant-garde se déploie aussitôt et présente une batterie de 8 pièces. Les divisions Ricart et Lagrange, avec la cavalerie du 1er corps, tournent le village de Baye par sa droite, et, à une heure après-midi, Napoléon en est le maître. »

Alsufieff voulut battre en retraite par la route de Châlons, vers Vertus, d'où il espérait du secours. Mais il ne le put. Il fut acculé à un bois dans lequel se trouve un étang, entre les routes d'Epernay et Châlons. Pressé vivement, il lui fut impossible de maintenir l'ordre dans ses troupes. L'artillerie et l'infanterie s'enfuirent pêle-mêle, et la plus grande partie alla s'enliser dans les vases de l'étang où les cavaliers l'achevèrent.

Les quelques hommes valides que les levées en masse avaient laissés à Baye, étaient bravement partis avec leurs chevaux pour renforcer les attelages de l'artillerie française. Ils se donnaient ainsi sans fracas, sans réserve et sans espoir de profit, d'une façon simplement sublime, pour le salut de la patrie.

Les Russes, qui avaient besoin d'équipages et de conducteurs, ayant appris leur départ, entrèrent dans une fureur diabolique et se vengèrent en malmenant et brutalisant les femmes sans défense, les vieux et les infirmes.

Mais ces ennuis furent vite oubliés quand les fanfares annoncèrent le triomphe et quand reparurent les maris qui rentraient heureux de retrouver le logis debout et fiers d'avoir été aussi les artisans de la victoire.

GUILLEMOT,

vérificateur des poids et mesures à Châlons.

•• Imp. de l'Union républicaine.